a maré das horas

victor pedrosa paixão

a maré das horas

victor pedrosa paixão

1ª edição | São Paulo, 2024

LARANJA ● ORIGINAL

I	9
II	25
III	47
coda	77

o fim tem sempre sentido horário

        sobre os

           ombros esqueléticos

                  do velho

                        gira

                              cen-

                              trípeto

de madeira   roída   pelos   um

relógio   do   cupins   urubu

  um   tempo   grisalho

    de   de

    reluzentes   asas desdo-

       os ponteiros   bradas e

            como   esticadas   garras

I

o amanhã

em joanes, ainda criança,
um trepidar de cascos me
levantou da cama
ainda morna de xixi.

e vi, pela ausência de tábuas
que fazia vezes de janela,
quando o sol mal raiava
as palafitas, o mar cinza, a mata fria
com seu lençol de neblina,
e galo nenhum conjurava —
do peito à siringe até a ponta do bico —
o ataque etéreo de um novo dia,
o amanhã chegar num estouro
de búfalos trazendo uma tempestade
de vultos e poeira.

depois,
num silêncio amarelo de terra,
medo

et montera sur tout, comme sur un cheval!
a. r.

domamos tudo a um custo esfumaçado
encabrestamos a vida com peia
selamos à nossa imagem o mundo
e complexos nasceram feito teia

brandiram em procissões alheias
feixes de velas e dedos em riste
vozes tremularam como bandeiras
talhando espantalhos para o abate

e sobreveio, automático, o desgaste
o indivíduo ausente em frente ao espelho
atômico, incerto, a mente um entulho
sem fatos, só barulho: nada é, só parece

o sol tomba sob mil lâmpadas
seus raios definham ao longe
as nuvens leves se desmancham
e estrelas vermelhas se escondem

morcegos partem para a caça
e em suas asas a noite treme
estufa púrpura e anestesiada
amoladas feito faca silente

e do chão ao ar vibrando em fascínio
furacões de mosquitos sob postes
à promessa da luz se imolam
    ou esperam
pelo baile cego dos morcegos

este alarido impregna o silêncio[1]
(agora esse intervalo tenso),
onde, à espera do próximo latido,
os ouvimos rangerem dentes
e sentimos sua excitação pesar o ar
sem outro odor senão o da baba
gotejando de mil línguas.

vão abrir o portão, sabemos,
e eles também o sabem.
socorro, gritam, mas é tarde.

batem o trinco, e o abrem.
do portão vemos apenas
pupilas lívidas, bocas abertas,
patas frenéticas e o esquecimento.

algo horrível se repete, dizíamos,
quando ainda tínhamos amigos
vivos, quando o presente ainda
não nos perseguia com caninos.

agora, quando a lua rebrilha cheia,
é tarde demais, eles estão soltos
e coram o céu com sangue alheio.

corremos, caímos, lutamos,
xingamos, pedimos e gritamos,
mas morremos. é tarde

---

1 "hounds from hell", de vyacheslav belov

para vitória sinimbú

quão sufocante deve ser[2]
ter sobre si panos e mais
panos de mármore envoltos
no pescoço, pregados no
rosto, afixados na cabeça
por essa coroa de flores
genéricas, que sempre põem
sobre ti como se fosse um
manto, uma grinalda, sedas
feitas assim para dissolver
tua presença em ornamento,
te empalidecendo ainda
em vida para enrubescer
outros, que, sem véu, dizem pra
tu sorrir, por eles, conforme
a imprecisão de seus desejos;
como deve ser pra ti?

---

2 "the veiled lady", de raffaelo monti

vieram todos por ela[3]
pela porta e pelas janelas
vieram todos para vê-la
lívida e exposta
feito estátua arruinada
o objeto da sala

vieram todos por ela
pelo ar rarefeito
                        dos alpes
pelas escadarias
                        da cidade
vieram todos bufando
pela carne pelada dela

e vieram todos armados
com promessas e rede
pares de olhos e porrete
postos rijos ao redor dela
dominados por uma vontade

mas chegaram atrasados
todos do bando engravatado
                        exceto um
que se escondeu primeiro
                        antes mesmo dela
na primeira janela
e a pôs no centro de tudo
tingindo o divã com seu sangue
enquanto a vitrola toca
a música do seu silêncio

---

3 "o assassino ameaçado", de rené magritte

num vagão numa estação do metrô de são paulo

sem foice, no subsolo de cimento
por onde se empilham noites e dias,
como as sombras sob esses corpos rijos,
mãos com calos, de dedos automáticos,
tateiam o ar preso deste espaço
para se engalfinharem no aço frio
que abafa a memória de um passado
cujo calor do sangue certo escorria
doce pela navalha afiada da foice,
ou melado pelo cabo do martelo,
e que lavaria dos rostos as rugas,
o veneno da fuligem (mortalha
incendiária do tempo, fantasma
parasita dos alvéolos da mente,
cinzel que desgasta a pele e a abre) —
pilhas de pilhados, milhares —, e as
fendas pétreas talhadas na face

ladrões de tempo

pilhar das fábricas
a nossa matéria básica
anunciada nas sirenes

pilhar das máquinas
o que de prego em prego
a fábrica alimenta

pilhar das regras
da cadência das esteiras
o momento
em que o incêndio dos incêndios
começa

peço, porque é o que posso,
que a fome passe,
que passe a fome
(sua agulha fantasma),
peço, fome, que passe,
porque é o que posso:
que se vá como for,
com o pão do dia,
com o pão da noite,
como for, peço, passe,
fome, passe como for

para antonio bastos

do it yourself
assista a vida pela tela
agir sem os óculos é mais fácil

repete

faça com olhos inflamados
e dedos em riste

repeat
just do it

é preciso agir já
não há tempo pra pensar
pensar é razão de parar

repete, tens de ratificar
nós não podemos parar

do it yourself
aja já

não pense em parar

mostra outra amostra,
a clavícula e o pescoço,
o torso e o rosto,
assim, partes em perfil,
mostra, se amostra,
faz do si tua empreitada,
te põe na esteira,
te perfila do teu jeito,
te entrega a ti,
seja autêntico na venda,
mostra outra amostra,
mais pedaços escolhidos,
mais desejos bem vestidos,
mais teor competitivo,
festeje a vida,
diga: viva a vida, viva!,
seja direito,
seja sujeito,
venda-se, não tem mais jeito,
se mostra mais uma vez

uma pilha de coisas partidas
óculos pedras penas copos
sandálias garfos papel tampas
madeira acrílico panos e alumínio
escorre ladeira abaixo pela vala
em corredeiras que se encrespam
entre o asfalto e a calçada
até desembocar na boca aberta
de um bueiro
planejado para despejar
no azul-atlântico
sua cota diária de polietileno
célula a célula fragmentado
a impregnar água sal
plânctons krill algas peixes
águias baleias tartarugas
polvos caranguejos mangues
rios plantas alfaces frutas
frangos e bois
com microfibras de plástico
que retorna
pulverizado
ao início desse ciclo
nos alimentos alinhados sob luz branca
nas prateleiras dos supermercados

a postos para entupir artérias
                    e linguagem
toda semana
com metáforas-sintoma
    a proporção milimétrica dum cartão de crédito
                                  ingerido prato
                                  [após prato
após prato se possível
nessa dieta fantasmagórica do capitalismo
a cobrar a sanidade integrada da natureza
                             do corpo
                             do planeta
com juros

assim se esgota o mundo
o mundo assim se esgota
se esgota assim o mundo
assim o mundo se esgota

```
            s
            e
            a
            l                   s
    t       o           m       o
    r       n       a   l       r
    e       g   n   l   i       e           s
s   m       a   a   u   n       o           o
o   e       u   s   r   z   d   c       ó       u   a
b   n       m   g   u   d   e   a   â   n   d   m   s
u   d       c   a   a   a   r   n   m   o   a   a   o
m   o       o   r   s   s   r   d   b   s   d   p   m
t   p       l   g   o   l   a   e   a   b   o   e   b
o   e       a   a   n   â   m   s   r   r   s   r   r
r   l       r   n   d   m   a   c       a       t   i
ó   a       d   t   e   p       e       ç       o   n
    s       e   a       a       n       o           h
    r       r   s       d       t       s           a
    u       i           a       e
    a       s           s
    s       o
            s
```

lado-a-lado

lambe calorrente encharcante
vuvarde tudo roxudo roçante
roxoçante vibra toda junta
intumescida empapuça lisa
gotaquosa gargorosa rugozante
lamberrente calorencharcante
vuvreme estreitoretrairrespira
lutolatejolampejante
riorrisonhorronronante
regacheio arforrelaxando
no suadouro fozolho fluiroso
o descanso vem como sonho

à sombra das nuvens
teus lábios são arcos
laços rubros sob laços negros
me apertam
me rodeiam
teus arcos tesos —
do céu pingam flechas
molham nossos cabelos

são bolhas de sabão
sopradas suspiro a suspiro
na tua concha e labirinto
escondidos
pelo leque de cachos negros
a se trançar no travesseiro

a minha face só existe[4]
em face de ti. é assim que,
mesmo solitário, eu
me diluo em ti,
por ti, para ti, com
meu torso todo incli-
nado numa oração —
a lua ondula
prata
turva
o espelho d'água

---

4 "the kiss" (1895), de edvard munch

colher o sono no seu colo
e ver você com mãos mornas
acolher o cansaço do meu rosto
é saber na hora o que se vai perder

alba

o botão do limoeiro
com seu cheiro alverde
desembrulhou a madrugada
na mesma hora de nos atarmos
perna em braço sob o jambeiro
num sacolejo de florescer o dia
e salpicar em anel florilás
a terra ao redor da rede
aonde cochichando cochilamos
um no outro sem demora
até teres de ir embora
com pés descalços suando
e os cabelos balançando
desfraldando a aurora

eu morrerei aos poucos num domingo
enquanto repouso entre teus seios
espremido como um escapulário
envolto pela sua sombra
asfixiado sob sua pele
de arfada em arfada
pelo orvalho salino
e odor de cravos
que flui de ti
poro
por
poro

palavra do senhor

me coloca
   dos pés
      à cabeça
     na boca
    e deixa
   meu corpo
untado de vinho
      descer
       doce
         pela
           garganta

inspirar na manhã a mistura
de carne tenra e de carne sua
de fêmures justapostos
de tendões encadarçados
de punição e de sutura
unhas e beliscões
mais este beijo capilar
pra costurar minha carne sua

dos lábios estrangeiros dela
fluiu, assim, os sons, pra mim

você, hóspede escolhido,
que arrebatou o mar,
atraque aqui, comigo,
e olhe as gaivotas,
veja como beijam o céu

Il n'y a pas de rapport sexuel [5]

juntos, lábio e pano contra
pano e lábio, é na sombra
mansa onde a língua mora
e se lança, em dobras rosas,
num tatear em busca de vestígios,
ao longo da textura do pano,
para imaginar do e no outro
o seu hálito, sua carícia oculta,
ou uma fonte cristalina, onde
um consigo se levanta para
nela se perder ao projetar, sem
desculpas, mais delícias tecidas
sob medida para inundar o outro,
para se nublar e afogar ambos
na doçura de lábios que desejam
se tocar, mas amam estar
assim, não tão justos

---

[5] "os amantes", de rené magritte

o amor é como a água

se houver fresta
atravessa

se houver espaço
alastra

derrama
encharca

seca

a visão da tua nuca nua
uma última vez à distância
enquanto cai a sombra da chuva
na curva sôfrega dos meus lábios
num segundo
ressuscita
a alalia da língua
o silêncio das tuas mãos
a fluência da saliva
e um sorriso
aberto como uma ferida

quando a noite alça o cruzeiro do sul
e o céu daqui enfuna nos olhos estrelas

    o sol de lá raia,
  pela cortina da janela,
    a camisola bordada,
ramos entre ramos à florivera,
  mechas soltas de cabelo,
preto tingido por ourovermelho,
e o mexer de dedões a acossar o sono primeiro

falar é aquecer o ar desse inverno
é lançar no frio uma esfera de calor
é murmurar vapor
    disfarçado de fumaça

alamanda

de joelhos, numa horta,
sob o amplexo das pétalas,
pousei meu rosto,
boca e nariz,
sobre a taça bordô
de uma flor pensa,
e lembrei de ti —
trêmula.

mas, sei, não, nada disso,
uma flor é uma flor
e nada mais.
tu és tu, uma outra

coração siamês

um coração siamês se parte
e do parto uma parte cai capotando,
átrio, átrio, átrio rolando na serra do mar,
como um punho em meio à cerração,
até parar sobre a própria aorta,
ainda pulsando, junto ao limo
e fungos do cemitério de calotas,
com cada artéria e veia se abrindo —

dedos, dentes, pétalas de ninfeia
que emerge duma poça após o sonho,
murmúrio imerso em água estagnada,
e alvorece para arder sob sol novo

ruas vazias se esgueiram pela cidade
são serpentes ladeadas por cimento
onde passos ressoam entre árvores
com copas sem folhas
sem pássaros
onde galhos tremem
e dedos estalam de frio
a cada passo repetido
no bate-bate de calcanhares
cujo som aflito
eco seco pelos paralelepípedos
acusa um bote tépido no peito
tão taquicardíaco
que apesar do vidro e curativos
ainda reverdece
mais vermelho

do primeiro riso — despedida
do bater da porta — fantasia
do primeiro beijo — a ruína
do último gemido — sobe
ainda o vapor sobe
sobe como uma voz
a se infiltrar nas paredes
com an old beatles' song

na orla
o vento varre as horas
com seu buquê de folhas caídas
farfalha a língua das ondas
e impele contra a pele
uma escolha
antes de precipitar
no parapeito oeste abaixo
os resquícios lilases

                                                                                      da aurora

nesse seu prenúncio
e memória, o fim da tarde

no entanto, arde
ter de partir
e protelar cuspir
esse chiclete amargo
ruminado até o esgotamento

                                                                                      do açúcar

III

ver-te assim, invertida, escorrer
vertiginosa ante o meu rosto,
e te ter, da base ao topo, e o vértice,
na palma da mão, enrolada pelas
minhas falanges; eu é quem está
assim, entregue, subjugado
sob esse teu verter vicioso — ah,
a luxúria que é ter cronos morto,
estrangulado por dedos doces

é o outono do planeta
e o inverno da minha juventude

parece que a represa rompeu
e nos inundou de insanidade

mas mesmo diante dessas festas
e da plasticidade do nosso suicídio

                                                ainda vivos

vemos as flores ao asfalto
e as pupilas crepusculares dos amigos
sob o véu vermelho da tarde

para davi mendes

nas pálpebras semiabertas
a espera se espraia
dos nervos às córneas
como remoinhos de areia
num sertão sedado
pelo mormaço
que abafa a terra.

mas um relâmpago
desce, o céu
desaba, a noite abre,
o solo se orvalha,
e no meio da testa desperta
uma terra a se encher de brejos

as rosas de agora
as que ainda nascem
as que desabrocham tarde
as que trazem consigo a noite

são menores, mais amenas

ter sobre si a gravidade
dum céu de cimento
e ainda assim planar (leve)
sobre o ardor do asfalto.

ser breve, uma borboleta

sortilégio

da larva da palavra eclode
o coro das sombras das asas
a ruflar o ar no ar
e com o som lavrar mistério
no barro lasso das coisas

rasteja, sob a epiderme
da pele da página,
a tensão tectônica
do nada, que nos obriga,
como a tantos deuses,
que criamos, dizer:
seja, isso, faça, morra;

nos compele, desde o osso,
sob um fluxo léxico,
como o universo,
regido pelas mesmas leis
da costura e do tecido,
à singularidade,
à explosão, à linguagem;

faz, então, da mão,
que enfim escreve,
um abalo terrestre,
um jorro de leite,
um grão que rompe a casca
e cresce pra tocar o céu,
mas padece, e cai rindo

e nada fica nos teus olhos
drummond

dourar o verde-capim da folha,
e do ouro translúcido dos veios
projetar do leito obscuro dos olhos
um souvenir próprio, azedoce,
beleza, miragem maternal
da nossa natureza,
e ter sempre-em-mente
o vácuo ao centro das
galáxias, rede-
moinho da existência

ergues a mão em vão.[6]
apontas para cima sem olhar
o que formou os restos que te formam,
pois sabes: o visto foi por ti
desvisto, destroçado e rearranjado.

os nomes que conheces não são,
e por isso não falas, nem tem olhos.
torto, sorris truncadamente,
ciente da matéria do teu corpo,
sem traqueia, preso ao chão.

deformado pelo que te precede,
e que alterado permanece presente,
sobrou apenas este gesto gasto, vão.
mas o soergues, sorridente, e apontas
para onde de fato viestes, as estrelas

---

6 "damaged warrior", de eduardo paolozzi

escritor usurpador
copiador parafraseático
duplo despudorado
usurpa a dor
destrói o horror
(re)faz o errado

capim, lixo, uma barata,
pés calçados pelo chão,
porto das sombras, que leva,
na carapaça, dois olhos
e a lua sobre seis patas

a tinta pesa
além do peso da pena
e da força da contr
ação que cada músculo
da mão emprega

a tinta pesa
aquém do grama
da palavra pulga
cujas letras cada
pulo e traço de pulga
encerra

a tinta pesa
o volume nimbostratus
dos silêncios que
cada escolha incerta
ou certa
carrega

a tinta
fumaça de incêndio
alerta o credo
a violência que cada
língua e corpo cegos
sustenta

a tinta
pesa

cada concha pelo oceano demovida,
que, em madrepérola áspera,
e por sal e água fendida,
jaz na praia, entre banhistas,
esquecida, é uma ruína,
o fóssil dessa vida,
uma incógnita irresolúvel,
que ignoramos para não ter
de ver o que por toda parte se anuncia:

tudo que vive
há de morrer

tudo que está
irá se perder

pois nada é nunca
e um mais não é
um mais é não

tudo o tempo todo muda

geração a geração
uma linha nova se entremeia
nessa corda sanguínea
que nos liga
à revelia da tesoura
que nos descerra
umbigo a umbigo
ao atar mar a mar
ao lar primeiro
que nos faz nascer
e morrer
no mesmo momento

a primeira ablução

agora eram suas as pernas que tremiam.
rumo ao rio, embrenhando-se pelo mato,
sentia cada passo dado, compassado pelo
peito, nessa hora, dado, de novo, sozinho.
o primeiro clarão da madrugada amadurecia.

e não havia nada que pudesse fazer, pois,
como sabia (e ao saber se orgulhava, mas
também temia), desde que viu a avidez
presente naquela criança, seu filho, cedo
ou tarde, sidarta, o homem, os deixaria.

o sol, sobre a colina, raiava naquele mesmo
rio um rio outro, tingindo o mesmo entorno
com o que pareciam ser raios mais frios.

braços. pernas. tronco. pescoço. costas.
mãos. cabeça. rosto, peito, rosto, olhos.

retornava para a casa menos lar sem
conseguir deixar de pensar no mar
que o mar reconheceria no rio

enquanto a garça passa a samaumeira

o vento raspa os rastros da terra
a traça traça os restos da pele
a chuva arrasta o inverno em folhas
a mão grafa o corpo em traço

e o sol nasce
outra vez
a leste
nesse içar-se leve
por um céu
segundo a segundo
mais azul-agreste
e deserto de nuvens
que ainda te guardam
de mais um dia

hipnose mais vadia,
a mosca sob o sol
monótono do meio-dia

olhá-la, porém, coruscando
amarelo-prata sobre o feijão,
é a menor agonia de hoje

primeiro, sem aviso, veio o som —
impalpável, inominável —, causa
do cenho se franzir numa careta
que, antes de nascer, já desconfia
existir, e para além do escuro,
algo terrível.

só depois veio o visível,
tão prenhe de cor e aparência,
tão menos tátil e imperscrutável
do que o som, que nos desdenha,
como o tempo, sem ser contido

infância

uma pipa hasteada no fundo do céu
a linha tensionada na carne dos dedos
o rasante, a sorte
corte
uma flâmula flutuante
as fitas ondulando
a cerimônia do adeus

Odete

após a despedida
inflada por palavras contidas
que a maré seca
em ondas rasteiras
aos poucos
retira

você a vê à tarde
de bata azul-florida
a pele de pergaminho
a mão artrítica e teimosa
seguir pela enseada
pairando entre o céu
e a areia espelhada
a costa em arco sob o vento
como um caule fino
prestes a estalar
e se partir

o grilo

para raphael santos

sigo o trilo do gri
lo em sigilo pela
escuridão insone

mal chego perto do gri
to estribilho longe
o grilo de novo pu
la e se esconde

tangendo meu tinnitus
o grilo grita trilos
infinitos pelo mil
ranger de atrás-patas
que à noite eu sigo

não fosse a geladeira
zumbindo como uma mosca
imperaria
nessa madrugada
silêncio
o que não espia das sombras
e assim quem sabe
pudessem soar
as últimas palpitações dos ponteiros

de volta ao início
de volta ao precipício
de volta
a casa tomada por trepadeiras
suas paredes de cal
suas ripas de castanheira
roídas rompidas retorcidas
pelo vento que penetra pelas telhas
pelo sol que calcina a poeira da cozinha
pela chuva que carrega os cabelos dos quartos
e lava as cicatrizes dos retratos
sombras dos antepassados
vendidos junto dos tijolos lascados
onde as gerações tiveram seu início
onde germinaram todos os vícios
onde entremearam o trono de palha
onde a canastra das quatro era jogada
e os dias não eram o bastante
e as noites não eram o bastante
e um ano era uma pedra alada de baladeira
onde o farol da vida era uma fogueira
crepitando grama e madeira no quintal
queimando sob a lua
sob a fumaça em espiral
os jornais que ainda estampavam seus atrasos
quando a inocência andava descalça sobre espinhos
quando o mundo era uma ponte sobre um rio
e saltar no frio
e mergulhar no escuro
e farejar urtigas no mato

era possível
quando a morte ainda não tinha estendido sua mão oca para recolher porcentagens
quando a morte ainda não tinha suprimido nenhuma vontade
quando a morte ainda não tinha mão
quando a morte não
quando ainda
quando
retornar ao início
retornar ao precipício
e agarrar e levantar e deixar fluir a origem da família
num punhado de terra
era possível

sobre as tábuas sobre o mato alagadiço, sobras, migalhas de pão distribuídas ao acaso. com o corpo encurvado, em meio aos murmúrios abafados das ondas do rio e o cheiro de madeira molhada e palha entremeada aquecida no teto mal coberto, por onde o sol projeta fios de luz sem nexo, você se fixa nos farelos. sem traço, sem rota, sem revelação, um caos que se recusa a virar pegadas ou cartas de presságio na sua investigação. são migalhas. resta apenas apanhá-las uma por uma, o único processo para arquitetar alguma razão, um desenho pessoal pinçado pela subtração; e amontoá-las uma por uma na concha seca da mão, até sobrar nada além de pele morta – dos pés, da testa, das costas, pairando como plumas pelos focos de luz que incidem nas tábuas mal alinhadas. resta ter o monte de farelos empilhados numa palma, apurá-los à lupa com as lentes encardidas da memória. e então sorrir, estender o punho fechado ao céu lápis-lazúli apenas entrevisto pelo trançado da palha (um gesto imitativo, oco, uma tentativa de religação com o passado – pois pelas frestas você sabe de antemão que vê no azul apenas a ilusão da cor), e forçar a boca com o punho, rasgá-la, porque é preciso comer, porque é melhor ter pó a nada, porque é preciso, porque assim te foi dito, e chorar agradecido, chorar por ter nascido, antes de se engasgar com a poeira e a pele impregnadas nas sobras do pão. e pensar, ah, como a vida pode ser boa. é, sim. e, após a ingestão, ao ver-se repartido pela recordação, ao ver-se exposto para si mesmo através do tempo, ver e rever o corpo multiplicado pelos momentos, fitar essa procissão de fantasmas – este lívido, aquele opala, um na lama, outro em graça – rindo e seguindo por uma avenida de mão única que, querendo ou não, termina em você agora.

azul tãozul da manhã mais matutina,
da noite menos viva, duna em cinzas
de urna que em silêncio o sangue
ondula, entristece e retece em
aindazulcrepúscrecripta,
lençol sem nós que envolve em frio
esses pés pensos mais frios ainda

coda

desfia o novelo azul
larga a lã, deixa ir embora
o teu ennui, deixa fluir
sem dó a dor agora,
deixa ir embora, deixa ir

Índice dos poemas

o fim tem sempre sentido horário 7

I

o amanhã 11
domamos tudo a um custo esfumaçado 12
o sol tomba sob mil lâmpadas 13
este alarido impregna o silêncio 14
quão sufocante deve ser 15
vieram todos por ela 16
num vagão numa estação do metrô de são paulo 17
ladrões de tempo 18
peço, porque é o que posso 19
do it yourself 20
mostra outra amostra 21
uma pilha de coisas partidas 22
assim se esgota o mundo 24

II

lado-a-lado 27
lambe calorrente encharcante 28
à sombra das nuvens 29
são bolhas de sabão 30
a minha face só existe 31
colher o sono no seu colo 32
alba 33
eu morrerei aos poucos num domingo 34
palavra do senhor 35
inspirar na manhã a mistura 36
dos lábios estrangeiros dela 37

Il n'y a pas de rapport sexuel 38
o amor é como a água 39
a visão da tua nuca nua 40
quando a noite alça o cruzeiro do sul 41
alamanda 42
coração siamês 43
ruas vazias se esgueiram pela cidade 44
do primeiro riso — despedida 45
na orla 46

III

ver-te assim, invertida, escorrer 49
é o outono do planeta 50
nas pálpebras semiabertas 51
as rosas de agora 52
ter sobre si a gravidade 53
sortilégio 54
rasteja, sob a epiderme 55
dourar o verde-capim da folha 56
ergues a mão em vão 57
escritor usurpador 58
capim, lixo, uma barata 59
a tinta pesa 60
cada concha pelo oceano demovida 61
geração a geração 62
a primeira ablução 63
enquanto a garça passa a samaumeira 64
e o sol nasce 65
hipnose mais vadia 66
primeiro, sem aviso, veio o som 67
infância 68
Odete 69
o grilo 70

não fosse a geladeira   71
de volta ao início   72
sobre as tábuas sobre o mato alagadiço   74
azul tãozul da manhã mais matutina   75

coda

desfia o novelo azul   79

© 2024 Victor Pedrosa Paixão
Todos os direitos desta edição reservados à Laranja Original

www.laranjaoriginal.com.br

Edição
Filipe Moreau
Projeto gráfico
Iris Gonçalves
Ilustração da capa
Iris Gonçalves
Foto do autor
Laura Del Rey
Produção executiva
Bruna Lima

Laranja Original Editora e Produtora Eireli
Rua Capote Valente, 1198
05409-003 São Paulo - SP
contato@laranjaoriginal.com.br

Dados Internacionais de Catalogação na Publicação (CIP)
(Câmara Brasileira do Livro, SP, Brasil)

Paixão, Victor Pedrosa
A maré das horas / Victor Pedrosa Paixão. --
1. ed. -- São Paulo : Editora Laranja Original, 2024.

ISBN 978-65-86042-97-9

1. Poesia brasileira I. Título.

24-198064   CDD-B869.1

Índices para catálogo sistemático:
1. Poesia : Literatura brasileira B869.1
Eliane de Freitas Leite - Bibliotecária - CRB 8/8415

Fonte: Neue Hass Unica
Papel: Pólen Bold 90 g/m²
Impressão: Psi7 / Book7